Ce que tout Français doit connaître et le Monde entier savoir.

LA

DÉLIVRANCE DE PARIS

DANS HUIT JOURS

ET DE

LA FRANCE

DANS UN MOIS

PLAN DE BATAILLE

PAR

Louis PANAFIEU

Offert au Gouvernement de la Défense nationale
et accusé de non recevoir.

Prix : 50 cent.

SE TROUVE

Chez l'Auteur, à Paris, 70, rue Rochechouart.

1871

PLAN des ENVIRONS DE PARIS pour suivre les Opérations Indiquées dans la Brochure

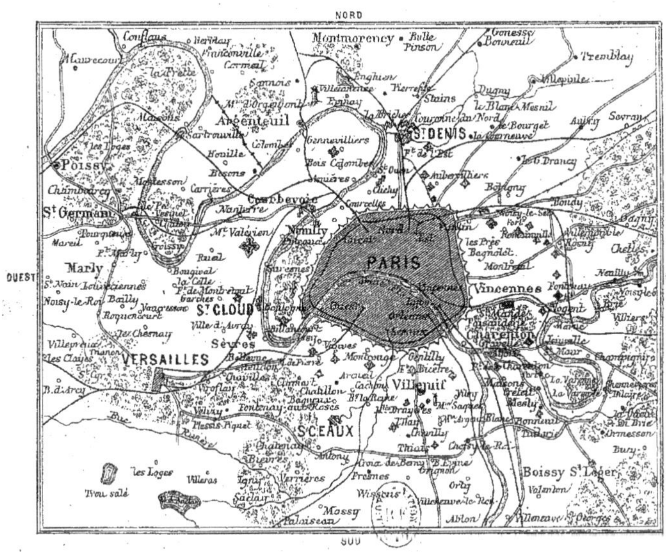

DÉLIVRANCE DE PARIS

EN HUIT JOURS

Ma mission n'est point, en ce moment, de chercher la (cause) des malheurs qui ont livré notre patrie à la merci de nos ennemis, mais bien d'entrevoir les effets qui se sont produits et ceux qui pouvaient se produire.

J'irai droit au but; je serai clair et précis, laissant à l'histoire le droit de prononcer un jugement, qui, je l'espère, rendra à la France le prestige de sa nationalité et de son honneur, en laissant l'anathème et la malédiction sur ceux qui, par leur propre volonté, ont été la cause de notre ruine.

Le 29 janvier 1871, je faisais afficher sur les murs de Paris le manifeste suivant :

RÉPUBLIQUE FRANÇAISE

Soldats, Gardes nationaux et Citoyens,

« Au moment où notre malheureuse Patrie s'écroule, permettez-moi de vous dire ce que j'ai voulu faire pour elle. Le

22 janvier j'envoyai, aux membres de la Défense nationale, la circulaire suivante :

« La situation est éminemment grave. Il faut, pour nous « sortir du péril, un homme qui ait du génie, de l'audace et « du patriotisme.

« Je suis prêt à prendre la responsabilité de la tâche, si le « général Trochu ne se sent pas la force de remplir la mission « que nous lui avions confiée. S'il est possible de vaincre, « nous vaincrons ! Mais si le fait est de toute impossibilité, « nous prouverons au monde entier comment un peuple va- « leureux sait mourir.

« Je ne suis qu'un soldat-citoyen. J'ai puisé mon génie « dans le malheur qui nous accable ; l'audace, dans le crime « de nos ennemis, et le patriotisme est dans mon cœur. « Membres de la défense nationale, Soldats et Citoyens, le « temps presse ! Si vous voulez de moi, prononcez-vous, et « je lève l'étendard pour ne le déposer que le jour où nous « aurons sauvé la France et la République.

« L. PANAFIEU. »

« N'ayant reçu aucune réponse, j'adressai le 24 janvier la suivante :

« Messieurs, le 22 janvier, j'eus l'honneur de vous adres- « ser une circulaire qui avait pour but de vous offrir mes « services dans la grave situation que nous traversons. J'i- « gnore si elle est arrivée jusqu'à vous, et l'opinion que vous « en avez émise dans le moment critique où vous l'avez re- « çue. Si la présente vous arrive, elle vous fera sentir tout « ce que mon cœur souffre à la vue de notre patrie agoni- « sante. Je reviendrai frapper à votre porte, si vous ne me « répondez, et je finirai par toucher vos cœurs, si véritable

« ment il y a dans vos cœurs l'amour de la Patrie. Songez « que nous ne pouvons plus compter sur nos armées de pro- « vince, mais que ce sont elles qui attendent nos secours, « et que chaque heure perdue est une heure de râle pour « la France qui meurt.

« Messieurs, il est impossible que vous soyez sourds à mes « prières.

« Gambetta n'était point un général et il a fait un grand « ministre.

« Je ne suis pas général non plus; mais cette douleur de « quatre mois passés d'un siége terrible, m'a donné l'intuition « de la situation. J'ai tellement étudié, tellement observé et « vu de si près le précipice où nous allions nous engloutir, « qu'il est sorti de mon cerveau le génie de la délivrance, et « avec ce génie l'audace qu'il faut dans ces moments criti- « ques pour frapper les grands coups, étonner les ennemis « et les écraser avant qu'ils aient le temps de se remettre.

« Si nous étions dans des temps meilleurs, je resterais « humble et obscur. Mais dans un moment où tous ceux qui « sont au pouvoir ne prennent le sceptre qu'en tremblant, je « viens vous dire : *Je n'ai pas peur!* Je me charge de la « grave responsabilité que vous voulez éloigner de vous. « C'est dans les grands périls que l'on voit les grands hom- « mes.

« J'accepte cette responsabilité sur ma tête !

« Je vous demande, Messieurs, une entrevue en conseil « général afin de vous exposer la situation telle que je la « vois, et vous développer, d'après moi, le remède qu'il faut « apporter à la plaie de la France.

« Dans l'espoir que vous ne resterez point sourds à mes « prières et que vous comprendrez qu'il faut agir, et agir « brutalement, recevez, etc.

« L. PANAFIEU. »

« Pas de réponse! 3e lettre du 26, à Son Excellence le Ministre des Affaires étrangères :

« Excellence, nos armées de province sont presque écra-« sées ; comme elles ne voient aucun secours arriver de « Paris, elles se découragent et se laissent battre sans ré-« sistance. Mais le jour où il leur arrivera quelques paroles « énergiques et patriotiques, venant de Paris, et leur pro-« mettant la victoire, le succès est certain.

« Oui, Excellence! Il faut que Paris sauve la France. « Mais pour cela il ne faut pas qu'il y ait une minute à per-« dre. Je vous demande huit jours pour délivrer Paris, et, « aussitôt Paris délivré, je vous assure le succès de la France.

« Si cela ne suffit point pour vous donner confiance, ou « bien que vous hésitiez à prendre sur vous la responsabilité « de moi-même, je vous demande à ce que vous exposiez « mes écrits à la population parisienne et lui demander par « OUI ou par NON à capituler, ou bien à me confier la direc-« tion de la guerre. Mais songez bien que chaque journée « perdue est une chance de moins pour le succès de la « France et de la République.

« Dans l'attente d'une prompte réponse, recevez, etc.

« L. PANAFIEU. »

Soldats, Gardes nationaux et Citoyens,

« N'ayant reçu aucune réponse, je viens m'adresser à vous, « si vous êtes encore Français. D'après le plan de nos chefs, « nous attendions les armées de secours pour délivrer Paris « et sauver la France. Mais les rôles ont changé. C'est au-« jourd'hui la France qui attend Paris pour la sauver. Je « demande huit jours pour délivrer Paris et un mois pour « sauver la France.

« Que la responsabilité de cette entreprise retombe sur
« moi-même. Pas de révolutions ! Si nos forts ne sont pas
« encore livrés aux Prussiens, réclamez un plébiscite, et si
« par OUI, vous me donnez le pouvoir, je vous jure sur ma
« tête de sauver la France !

« L. PANAFIEU. »

« 28 Janvier 1871. »

Malheureusement, le présent manifeste commençait à paraître dans Paris à midi, et nos forts étaient livrés depuis neuf heures du matin. J'arrivai donc trop tard.

A la lecture de ce manifeste, il se produisit des opinions bien diverses. J'étais approuvé par les uns, regretté par les autres ; traité de fou par certains, et d'homme payé par les esprits mal pensants, autrement dire : les trembleurs. Ce qui me décida à lancer la profession de foi suivante :

RÉPUBLIQUE FRANÇAISE

« SOLDATS ET CITOYENS,

« A la lecture de mon premier manifeste, vous vous êtes dit : Quel est cet homme ? Ce PANAFIEU, d'où sort-il ? Nous ne le connaissons pas. Et vous m'avez hué et calomnié, et moi je vous ai vus, et vous ai laissé dire. Savez-vous pourquoi vous ne me connaissez pas ? Parce que je ne suis pas un révolutionnaire, ni un homme aux mains blanches, qui vient faire parade au milieu des clubs et des réunions publiques, ni un avocat, ni un gouverneur de Paris. Vous les connaissez tous, ceux là ! Eh bien ! voulez-vous savoir qui je suis ? Un homme obscur, enfant du peuple, ayant connu la misère, éprouvé des revers, mais jamais découragé. Relevé par ma volonté, j'élève aujourd'hui mes enfants, entouré du bonheur de la famille. Voulez-vous savoir encore qui je suis ? Je suis un homme qui aime sa Patrie, qui verse des larmes aux malheurs qui la déchirent, qui avait cru voir l'espérance nous arriver avec notre jeune République, qui croyait que ce nom seul retremperait les cœurs corrompus par le gouvernement de l'Empire, et ferait naître à l'horizon des hommes de génie qui étonneraient le monde. Mais le germe était trop profond. Voilà pourquoi tous ceux qui ont eu le malheur de toucher au manteau de cet empire déchu, en ont emporté avec eux un venin qui devait nous perdre.

« Oui ! Je vous l'avais dit : Si nos forts ne sont pas au pouvoir des Prussiens, je vous jure de sauver Paris et la France. Malheureusement, j'eus beau précipiter les choses ; ceux qui avaient intérêt à nous livrer ont marché plus vite que moi.

« Il m'est impossible, dans un faible aperçu, de vous développer mon plan de bataille, et pour me faire comprendre, il faudrait que les esprits tronqués s'effacent, pour faire place à des hommes intelligents, à grandes conceptions, ayant le cœur aussi grand que le patriotisme ; car si parmi nos supérieurs il s'en fût trouvé qui puissent douter, j'aurais pris pour arbitre la sagacité de M. de Moltke, qui n'aurait pas manqué de leur dire : C'est ainsi que nous vous avons battus jusqu'à présent ; c'est ainsi que nous l'aurions été. Oui, dans huit jours, l'armée prussienne était écrasée sous Paris ; j'aurais employé pour cela toute la force vitale qui agit dans nos murs ; chacun aurait eu son utilité à la défense, selon ses forces et ses capacités. J'aurais employé tout ce que l'imagination peut inventer de plus terrible et de plus foudroyant : Dynamite, Feux grégeois, Bombes et Obus de toutes espèces. Oui ! messieurs les trembleurs ; vous, qui criez tant la paix ; vous, qui avez si fort manifesté votre mécontentement à ma circulaire ; vous, qui n'avez dans le cœur aucune goutte de sang français ; vous, qui préférez vous livrer honteusement à l'étranger, plutôt que de souffrir quelques jours de plus la faim, vous auriez marché à la délivrance de notre chère cité, et si vous aviez reculé, malheur à vous ! car la Patrie mourante n'accepte point de lâches.

« Et aussitôt Paris débloqué, je lançais cent mille hommes à la poursuite du restant de l'armée d'investissement, qui seraient allés rejoindre ensuite Bourbaki. D'un autre côté, j'envoyais cent mille hommes à Chanzy, l'engageant à se tenir sur la défensive et attendre. En même temps je partais avec le reste de l'armée de Paris, cent ou cent vingt mille hommes, et j'allais au secours de Faidherbe ; nous frappions ensemble un grand coup pour anéantir les corps prussiens qui se trouvaient dans l'Ouest, après quoi nous allions donner la main à Chanzy, et, avec ces forces considérables et toutes les levées forcées et immédiates dans tous les pays, nous venions à bout de Frédéric-Charles et de Mecklembourg. Tandis que Bourbaki, aidé des renforts de Paris et des généraux Garibaldi et autres de l'Est, nous assuraient un écrasement complet de l'armée prussienne. Alors, j'embarquais cent cinquante mille hommes pour l'Allemagne du Nord, tandis que tout le reste de nos armées y rentraient par le Sud.

« Il y a de ces conceptions qui sont tellement grandioses, qu'il est impossible de les faire concevoir à certains esprits qui se prétendent forts. Moi, je vous en assurais le succès : voyant déjà tout ce qui pouvait se produire dans cette guerre monstrueuse, qui devait ramener la victoire sous nos drapeaux et sauver l'honneur de la France.

« Mais aujourd'hui nous sommes pris au piége. Les forts ne nous appartenant plus, il faut déposer les armes : Malheur ! à celui qui s'en servirait pour fomenter une révolution dans Paris ! Montrons-nous dignes de notre malheur. Nous n'avons pas été vaincus, nous avons donc le droit de lever la tête. Si la honte de la capitulation de Paris doit un jour retomber sur quelqu'un, nous aurons du moins la satisfaction de pouvoir dire que nous étions prêts à faire notre devoir.

« Ainsi donc, Citoyens, ne pouvant plus rien faire pour défendre ma Patrie, j'ai pris la plume pour essayer de la sortir de l'opprobre, et, après avoir fait mon devoir, je rentrerai dans l'oubli, d'où je n'aurais jamais voulu sortir.

« Je vous ai dit tout cela pour que vous le répétiez aux candidats que vous allez nommer, et afin que ces candidats 'apprennent à toute la France, et que la France, à son tour, le fasse connaître au monde entier ; afin qu'un jour nos générations futures puissent dire : « Paris de 1871 était sublime ! Il avait dans son sein une armée de six cent mille combattants. Après cinq mois de siége, et après avoir subi avec calme toutes les horreurs de la faim, de la maladie et du bombardement, ne demandait qu'à combattre et se délivrer. Que dans ce Paris il y avait un homme obscur qui offrit ses services au gouvernement tremblant pour sauver la capitale et la France, mais que le gouvernement préféra capituler honteusement que de céder la place à cet homme qui, par son audace, aurait fait trembler ses ennemis. Il aurait étonné le monde, sauvé la France, et fondé sur des bases durables la meilleure des Républiques !

« L. Panafieu,

« 70, Rue Rochechouart. »

A cette profession de foi, je retrouvai les sympathies générales. Mais il était trop tard et nous étions Prussiens.

Or, supposez que nos gouvernants aient eu quelque fibre sensible, qui, arrivant jusqu'au fond de leur conscience, leur ait fait sentir la gravité de la situation, et que leur cœur ayant éprouvé quelques bons sentiments pour la Patrie mourante, ils se soient décidés à quitter le sceptre qu'ils ne pouvaient tenir, et me remissent la responsabilité de la situation. Voici ce que j'aurai fait. Ma première batterie était celle-ci :

RÉPUBLIQUE FRANÇAISE.

SOLDATS, GARDES NATIONAUX ET CITOYENS,

Je prends dès ce jour le gouvernement de Paris.

Ce fardeau si lourd, que, dans un moment aussi grave, des mains tremblantes ont laissé tomber.

Je l'accepte sans peur ! vous promettant de ne le déposer que le jour où le dernier de nos ennemis vaincu ne souillera plus le sol de notre malheureuse Patrie.

Ce jour-là, je retournerai dans l'obscurité d'où je sors, et d'où je n'aurais jamais voulu sortir.

C'est dans les grands périls que naissent les grands courages.

Que les trembleurs se rassurent.

Plus le danger est grand, plus je le méprise.

Que l'ennemi se tienne bien, car nous le défions aujourd'hui.

Je sens déjà vos cœurs battre de joie. Vos courages se relèvent au seul espoir de retrouver notre Mère-Patrie.

Vous vouliez combattre pour la sauver, vous combattrez.

Que demandiez-vous pour cela ?

Un chef qui sache vous conduire à la victoire !

Eh bien ! mes amis ! confiance ! et la victoire ne quittera plus notre étendard.

Au nom du Peuple français,

Le Gouverneur de la République,

L. PANAFIEU.

Cette proclamation devait commencer par donner la confiance dans la population et dans l'armée, ce que nos gouvernants n'avaient jusqu'alors sû faire.

En même temps, je lançais les trois ordres suivants :

RÉPUBLIQUE FRANÇAISE.

Avis important.

Il va être fait, dans toutes les maisons de Paris, une réquisition en blés, farines, légumes de toutes sortes, viandes conservées et vins.

Chez les personnes absentes, la réquisition sera générale.

Chez les présents, qui possèdent des articles à réquisition pour plus de vingt jours de leur nécessaire, ils devront en faire la déclaration immédiate à la mairie de leur arrondissement.

Nul n'a le droit de détourner par complaisance, et pour le compte d'autrui, soit dans sa cave, son grenier ou tout autre local, des marchandises à réquisition.

Les concierges ayant une connaissance quelconque sur les marchandises à réquisition, soit d'un propriétaire absent ou non, ou de quelque locataire absent, devront en faire une déclaration immédiate à la mairie.

Les réquisitions seront faites contre un bon, payable après la guerre, par la caisse de l'État.

Quiconque ne remplirait pas au plus vite les conditions de la présente ordonnance, sera passible d'un conseil de guerre dans les vingt-quatre heures de son arrestation.

Quiconque ferait une fausse déclaration, avec intention de nuire, sera passible du même conseil de guerre.

Le Gouverneur de la République,

L. PANAFIEU.

RÉPUBLIQUE FRANÇAISE.

Ordre du jour.

A dater de ce jour, il est expressément défendu de sortir des portes de Paris, sans un ordre émanant du Gouverneur de la République.

Tout citoyen qui oserait se soustraire à la présente ordonnance, sera arrêté comme traître ou espion, et jugé par un conseil de guerre nommé d'urgence, dans les douze heures de son arrestation.

Ordre de faire feu sur toute personne qui sera vue rôder en dehors de nos lignes de défense.

Ordre est de même donné, sur tous ceux qui se risqueraient à dépasser nos lignes.

Tout garde ou soldat de service, qui n'exécuterait point la présente ordonnance, sera arrêté et jugé par le même conseil de guerre, dans les douze heures de son arrestation.

Il est défendu de faire feu sur les personnes qui rentrent dans nos lignes; mais on les conduira au commandant de la place pour connaître leur identité, et elles ne pourront plus sortir de la ville.

Les officiers de tout grade, soldats et gardes nationaux, qui déserteront devant l'ennemi, ou abandonneront leur poste, seront jugés par le même conseil de guerre, dans les douze heures de leur arrestation, et punis selon toutes les rigueurs des lois militaires.

Les hommes ivres sous les armes seront punis par un conseil de guerre spécial.

Le Gouverneur de la République,

L. PANAFIEU.

RÉPUBLIQUE FRANÇAISE.

Ordre général.

Tout homme valide, de 17 à 60 ans, est déclaré soldat-citoyen, prêt à servir la Patrie selon ses forces ou ses capacités.

En conséquence, tout citoyen non armé, ou faisant partie de la garde civique, doit se faire inscrire dans les vingt-quatre heures, après la présente ordonnance, dans la mairie de son arrondissement.

Tout possesseur de chevaux et voitures de toute forme, doit en faire la déclaration à la mairie de son arrondissement, dans les vingt-quatre heures de la présente ordonnance.

A dater du   février, tous les soldats-citoyens, gardes nationaux et soldats de toutes armes, ainsi que les possesseurs de chevaux avec voiture, seront consignés à leur domicile, prêts à recevoir les ordres qui leur seront remis, et devront se rendre immédiatement au lieu qui leur sera indiqué, pour se conformer au service de l'ordre du jour.

Tout citoyen doit, selon ses moyens, prêter patriotiquement son concours à la Patrie, et ne point chercher à aggraver la situation an moyen d'une ambition pécunière.

Quiconque cherchera à se soustraire à la présente ordonnance, sera saisi par un conseil de guerre comme traître à la Patrie en danger.

Le Gouverneur de la République,

L. PANAFIEU.

RÉPUBLIQUE FRANÇAISE.

Ordre.

La garde civique sera formée par les hommes de 46 à 60 ans, non armés.

Ils feront le service d'intérieur.

Les génies-terrassiers seront pris dans les hommes de 17 à 45 ans, ayant une forte santé, et qui ne sont pas armés.

Les réquisitionneurs seront pris dans les homme de 17 à 45 ans, ayant une forte santé, et n'étant pas armés.

Les ambulanciers, pour enlever les blessés et pour enterrer les morts, seront pris dans les hommes non armés de 17 à 45 ans.

Les génies-terrassiers appartiendront au corps du génie militaire.

Les réquisitionneurs, sous les ordres des sergents-majors de la garde nationale.

Les ambulanciers avec le corps d'ambulance.

Les voitures requises suivront les ambulanciers ou les réquisitionneurs, ou prendront toute direction qui leur sera ordonnée.

Le Gouverneur de la République,

L. PANAFIEU.

En même temps un ballon partait pour la province, pour lui annoncer que dans huit jours une armée de trois cent cinquante mille hommes partait de Paris, venant à son secours.

Je faisais de suite un appel aux inventeurs de feux grégeois, dynamite et autres. Il me fallait, dans trois jours, des quantités considérables de ces matières. Je leur fournissais autant de soldats-citoyens qu'il leur en aurait fallu pour la fabrication.

Je faisais un appel à tous les amiraux, généraux, commandants des forts, colonels et lieutenant-colonels, dans un conseil de guerre, et leur tenais ce langage :

« La Patrie est en danger. Il y va de notre honneur. Il faut « la sauver. Je vous promets la victoire avant le combat ; « que ceux de vous qui voudront me suivre prêtent serment « sur cette épée ! Elle ne sortira du fourreau que chaque « fois que la République sera en danger. Que ceux qui ne « voudront point marcher sous ma bannière se retirent. « Vous savez maintenant ce que vaut un serment juré sur « l'autel de la patrie. Malheur à qui le trahira ! »

Après le serment et les modifications faites dans les grades parmi les officiers recommandés, je congédie tous les officiers supérieurs, en les consignant à leur poste, avec ordre d'attendre mes commandements, et garde auprès de moi les commandants des forts qui représentent le midi, depuis Issy, Vanves, Montrouge, Bicêtre, Ivry et Charenton.

PREMIÈRE JOURNÉE.

Ordre à Messieurs les Commandants des forts du midi.

Il faut que demain matin, avant le jour, toutes les lignes de nos avant-postes, depuis Issy jusqu'à Charenton, soient occupées tous les deux cents mètres par cinq cents hommes et deux mitrailleuses. Vous prendrez pour cela quinze, vingt ou trente mille hommes. Vous observerez les plus grandes précautions pour que l'on ignore la présence de vos hommes.

Si les mitrailleuses font du bruit en roulant, il faut les porter à bras, et les placer dans les meilleures positions, afin de pouvoir balayer la plaine.

Vos hommes seront divisés par moitié, et dissimulés autant que possible à chaque extrémité des deux cents mètres.

Aussitôt que le jour commencera à paraître, dix hommes de chaque groupe se lèveront et s'étendront en tirailleurs, ce qui fait vingt hommes par deux cents mètres, et commenceront le feu sur les avant-postes ennemis, les exciteront jusqu'à ce que ceux-ci répondent. Alors nos tirailleurs battront doucement en retraite, afin d'attirer l'ennemi aussi près que possible. Tout à coup le feu de nos tirailleurs cessera, et les hommes des extrémités se lèveront et se lanceront à la baïonnette en tournant l'ennemi des deux côtés, de manière à les prendre dans un demi-cercle.

Ils feront le plus de prisonniers possible, et rentreront immédiatement dans nos lignes.

Le bruit de ce combat ayant attiré les renforts ennemis, on les laissera avancer à portée des mitrailleuses, qui devront faire sur eux un feu aussi nourri que possible. Après quoi, troupes, mitrailleuses et prisonniers rentreront à leur campement, en ne laissant que les postes d'observation.

A midi, j'attends le rapport des commandants des forts.

DEUXIÈME JOURNÉE.

Ordre aux Commandants des mêmes forts.

Il faut que demain, aux mêmes heures et aux mêmes positions, vous ayez, par deux cents mètres, cinquante hommes au lieu de cinq cents ; mais vous aurez dix mitrailleuses au lieu de deux. Elles seront transportées sans bruit et dissimulées autant que possible. Aussitôt que le jour permettra de voir, les cinquante hommes se placeront en tirailleurs et soutiendront le feu aussi longtemps que possible. Il est certain que l'ennemi aura triplé et quadruplé ses postes, qui se décideront à paraître avec toutes leurs forces. Alors nos tirailleurs se coucheront et nos mitrailleuses se chargeront de balayer la place. Après quoi, comme la veille, soldats et mitrailleuses reprendront leur quartier.

A trois heures de l'après-midi, quarante mille hommes de la garde nationale sédentaire et trois cents voitures requises, garnies de drapeaux d'ambulance, doivent se promener devant et autour des forts du midi, depuis Issy jusqu'à Charenton. Ce manége aura lieu jusqu'à la nuit, et devra recommencer le lendemain matin du troisième jour, jusqu'à dix heures du matin. Alors gardes et voitures rentreront dans Paris.

TROISIÈME JOURNÉE.

Pendant les deux jours qui se sont écoulés, j'ai préparé mes hommes et leur ai fait occuper les positions nécessaires pour la bataille du troisième jour.

Ces positions de campement sont : Courbevoie, Asnières, Colombes, Gennevilliers, La Garenne, Saint-Denis et La Courneuve.

En tout, trois cent mille hommes, divisés en autant de corps qu'il y a de positions à prendre.

Chaque corps est muni de son artillerie, mortiers, obusiers, canons, mitrailleuses, dynamites, feux grégeois et autres.

Il s'agit d'enlever tout le nord, depuis Bezons, Argenteuil, le moulin d'Orgemont, Sannois, Epinay, Enghien, Stains, Pierrefitte, Montmorency et autres, jusqu'à Ecouen, et plus loin.

J'ai distribué mes rôles pour que chacun ait sa part au combat, et qu'il n'y ait rien de perdu.

Dans la nuit de la veille, c'est-à-dire du deuxième jour, j'ai fait transporter, toujours sans bruit, des mortiers, des obusiers et des mitrailleuses dans la plaine de Gennevilliers, sur les bords de la Seine, faisant face à Bezons, Argenteuil et le moulin d'Orgemont.

Voici maintenant le commencement du combat du troisième jour :

A cinq heures du matin, ordre est donné aux forts de tout le midi, Issy, Vanves, Montrouge, Bicêtre, Ivry et Charenton, ainsi qu'à nos batteries avancées, de commencer un feu nourri et l'entretenir jusqu'à neuf heures du matin.

A cinq heures et demie, ordre de placer vingt ponts sur la Seine, entre Bezons, Argenteuil et le moulin d'Orgemont.

Si l'on en démolit dix, il en restera encore dix. Pour que rien n'ait manqué à ce travail, j'aurais fait réquisitionner tous les bateaux de pêcheurs, tous les canots des canotiers, et toutes les embarcations qu'il aura été possible de réquisitionner, sans en excepter aucune. Si, pendant que l'on posera les ponts, l'on était attaqué, et que Bezons, Argenteuil ou Orgemont, tirent sur les pontonniers, ordre est donné au Mont-Valérien d'envoyer sur Bezons des feux grégeois, tandis que les mortiers et les obusiers de Gennevilliers enverront sur Orgemont, Argenteuil et Bezons, obus, dynamite, feux grégeois, autant qu'il sera possible. Pendant ce temps, les ponts se construisent, et les troupes, suivies de l'artillerie, passent la Seine et se dirigent entre Bezons et Argenteuil.

Bezons est d'abord enlevé, et à partir de là jusqu'à Sartrouville, une ligne de cinquante mille hommes, munis d'artillerie, doit former un corps de réserve et arrêter les renforts ennemis qui pourraient venir, soit de Versailles ou de Saint-Germain.

Du côté de Saint-Denis, en partant de La Courneuve, une seconde ligne de cinquante mille hommes, avec artillerie complète, renferme d'un côté : Stains, Pierrefitte, la Butte-Pinson, et forme un corps de réserve qui doit empêcher les renforts ennemis de venir du Bourget, de Gonesse ou de Montfermeil.

Voici donc tout le nord enfermé, depuis Argenteuil et Orgemont d'un côté, et Stains et Pierrefitte de l'autre. J'ai maintenant deux cent mille hommes qui doivent opérer tranquillement, sans être inquiétés ni de droite ni de gauche par les renforts ennemis. Ainsi, pendant que les lignes de réserve se formaient, les deux cent mille hommes d'intérieur partaient au pas gymnastique pour leurs positions d'attaque. Dix mille hommes pour enlever Épinay. L'artillerie marchant en avant devait commencer l'attaque avec dynamite, feux grégeois, obus et boulets.

Ce bombardement durait vingt minutes, après quoi, ordre de prendre la place à la baïonnette. A Argenteuil, je mettais quinze mille hommes avec beaucoup de marins pour fouiller les maisons et les caves. Vingt-cinq mille hommes devaient se lancer à la baïonnette au moulin d'Orgemont. Vingt-cinq mille tourner Sannois et le prendre en tous sens à la baïonnette. Stains, Pierrefitte, Enghien, Montmorency et autres devaient être attaqués comme Epinay.

Et aussitôt un pays enlevé, ordre était d'aller plus loin et prêter main-forte à d'autres positions, si c'était nécessaire, et arriver ainsi aux limites les plus éloignées de notre cercle d'investissement. Les quinze mille hommes d'Argenteuil devaient, après leur besogne, prêter main-forte à ceux d'Orgemont ou de Sannois, et aller toujours en avant, les uns et les autres étant toujours assurés que les renforts prussiens ne les sépareront pas de Paris. La cavalerie suit l'armée et est prête à poursuivre la retraite de l'ennemi.

Derrière chaque corps d'armée, et pour chaque position prise, rentrent les gardes nationaux sédentaires, qui reçoivent les prisonniers; tandis que d'autres, suivis des réquisitionneurs et des voitures requises, parcourent le pays conquis et font une réquisition des deux tiers sur les blés, farines, légumes, vins, bestiaux et fourrages, contre un bon payable après la guerre à la caisse de l'Etat.

Pendant ce temps, les ambulanciers ont enlevé les blessés, et les autres ont enterré les morts. En même temps le génie-terrassier fait sauter complétement les positions ennemies avec mines, dynamite et tout autre moyen efficace, afin de les rendre intenables, enlève les canons que l'on peut enlever, encloue les Krups et font sauter leurs affûts.

Ce travail se produit ainsi dans tout le centre d'opération.

Pendant ce temps, nos deux cent mille hommes sont arrivés aux limites de l'investissement. Ils gardent ces positions jusqu'à ce que le travail des réquisitionneurs, ambulanciers et génie soit terminé; mais comme les bras ne manquent pas, la besogne est vite faite.

Alors toutes les troupes rentrent dans leur casernement pour y manger la soupe, que l'on leur a préparée pendant ce temps.

Observez que les hommes ont fait cette campagne sans avoir le sac sur le dos, ce qui leur a donné une grande facilité dans le combat. Si la ligne de réserve de Bezons n'a pas été attaquée, elle doit de même rentrer au casernement, et les positions conquises sont abandonnées.

Il ne reste que la ligne de La Courneuve qui se trouve renforcée par les gardes nationaux sédentaires et beaucoup d'artillerie, que l'on fait promener sur toute la ligne de réserve et autour de Saint-Denis et de ses forts. Ce mouvement se produit jusqu'à la nuit ; alors tout le monde rentre au casernement, abandonnant complétement toutes les positions qui de ce moment sont intenables.

A midi, l'on peut faire le rapport de la journée avec les détails de notre victoire.

A deux heures, conseil général. Réorganisation des corps et avancement, selon la valeur et le mérite des hommes.

Ordre et disposition pour la quatrième journée.

QUATRIÈME JOURNÉE.

L'attaque a lieu au midi. Il est bien certain que les Prussiens ayant vu, tout le restant du jour, des masses du côté de Saint-Denis et du Bourget, s'ils ne nous ont pas attaqué ils se tiendront sur la défensive avec des forces considérables, pensant que nous allons continuer nos succès en suivant notre ligne d'attaque.

Pendant la nuit, toutes nos troupes se sont portées vers les forts du midi. Voici le point de départ. Toujours comme la veille, aux mêmes heures. Entre les forts d'Issy et Vanves, partira un corps de réserve de cinquante mille hommes, qui s'étendra entre Clamart et Châtillon et se poursuivra entre Plessis-Piquet et Saint-Cyr, gardera cette ligne avec une forte artillerie pour pouvoir résister aux renforts qui pourraient venir de Versailles.

Une autre ligne, partant du fort d'Ivry, suivra les bords de la Seine, passant derrière Choisy-le-Roi, et s'étendant au delà, formera la seconde réserve de cinquante mille hommes avec artillerie puissante. C'est donc entre ces deux lignes que doit se concentrer le combat, avec les deux cent mille hommes libres d'action, c'est-à-dire sans sacs ni tentes, ni rien qui les empêche d'agir et qui les fatigue inutilement.

Le nombre d'hommes, d'artillerie, dynamitiers et feux grégeois, le tout est proportionné à la valeur et à la situation du pays ou de la position qu'ils sont chargés d'enlever.

Le combat commence en même temps que le mouvement des corps de réserve. Tous les forts du midi sont chargés, une heure avant, de commencer une besogne terrible avec les engins les plus destructeurs pour les positions ennemies. Ensuite, viennent nos batteries de campagne, et après, l'assaut à la baïonnette. Lorsqu'une position est prise, l'on avance toujours en prêtant du renfort pour les positions plus éloignées, qui sont déjà aux prises avec des corps de nos troupes, et avançant ainsi jusqu'aux lignes les plus éloignées possible, soit Plessis-Piquet, Verrières et Orly.

A mesure qu'une position est prise, les gardes nationaux réquisitionneurs, génie-terrassiers et ambulanciers, opèrent comme dans la troisième journée. A midi la besogne doit être terminée, et aussitôt l'on fait rentrer troupes et gardes nationaux, laissant toujours les deux lignes de réserve pour préserver la retraite. Après quoi ces deux lignes doivent, à leur tour, rentrer dans leur quartier en abandonnant toutes les positions conquises, démolies et intenables.

Pendant tout le temps du combat, le fort d'Issy n'a cessé de tirer sur les positions ennemies de Clamart, tandis que le fort de Charenton, à l'autre extrémité, bombardait et incendiait Mesly et Mont-Mesly, afin d'empêcher à ces positions de trop inquiéter nos lignes de réserve qui, de leur côté, ont ordre de leur répondre énergiquement.

A midi, tout est rentré dans l'ombre, et les Prussiens ignorent par où nous les attaquerons le lendemain.

CINQUIÈME JOURNÉE.

L'on prend le nord-est. De la Courneuve, en fermant la ligne avec cinquante mille hommes, entre Stains et le Bourget, en suivant comme à la première attaque et gardant la réserve en cas de secours prussiens du côté de Pierrefitte et Montmorency. Et l'autre ligne de cinquante mille hommes partant du fort de Nogent, passe entre la Marne qu'elle laisse à droite, et Neuilly-sur-Marne et Chelles, qu'elle laisse à gauche. Et l'opération avec mes deux cent mille hommes se fait dans ce cercle par le même système. A midi, toutes les troupes sont rentrées avec leurs butins et leurs trophées. L'on ne laisse aucun homme nulle part ni aucun soupçon de mouvement.

Il est certain que les Prussiens s'attendent pour le lendemain, d'après nos plans d'attaques, à nous voir arriver sur Versailles.

SIXIÈME JOURNÉE.

Le sixième jour doit tromper l'attente de l'ennemi. Cette journée doit nous livrer la suite de l'opération de la veille, c'est-à-dire la partie qui se trouve à l'est, entre la Marne et la Seine, Mesly, Mont-Mesly, carrefour Pompadour, Ormesson, Chenevières, Villiers-sur-Marne, Brie-sur-Marne, Noisy-Grand, et s'étend jusqu'à Laqueue-en-Brie, et plus loin s'il y a prise sur l'ennemi.

Le tout ayant été opéré par le même moyen, à midi la besogne doit être terminée.

SEPTIÈME JOURNÉE.

Vient le septième jour. Ce jour-là, c'est le grand jour de la délivrance. Il n'y a que des soldats armés. Tout ce que Paris possède d'hommes de 17 à 45 ans, doit marcher en armes. Plus de génie-terrassiers, plus de réquisitionneurs.

Tout le monde est armé ; ceux qui n'ont pas de fusils de guerre, doivent prendre un fusil de chasse, ou révolver, pistolet, lance, pique, faux ou poignard.

Chacun se précautionne pour un jour de nourriture, et le départ pour la grande bataille commence à 8 heures du soir du sixième jour. Il s'agit dans cette attaque gigantesque, de cerner Versailles et Saint-Germain. Cette puissante armée de Paris doit avoir de 650 à 700 mille combattants.

Au départ de Paris, elle se divise en deux corps : le premier, passant sur des ponts de bateaux par Bezons et Argenteuil, tandis que d'autres tournent la Seine à Saint-Denis, doit aller se rejoindre du côté de Franconville et tourner la Seine par Conflans, gardant toute la lisière du fleuve et cerner toute la forêt de Saint-Germain jusqu'à Marly. Ainsi, depuis Argenteuil jusqu'à Marly, toutes les issues ont été prises dans la nuit et fortement gardées. Le second corps d'armée passant par le midi, du côté de Châtillon et Sceaux, tourne Meudon et Versailles, et vient rejoindre à Marly l'armée de Saint-Germain.

Ce sont d'abord l'artillerie, les troupes de toutes armes, les gardes nationaux sédentaires et les soldats-citoyens. C'est une invasion, un débordement, une mer humaine et en furie, qui dès le matin doit être à son poste d'attaque.

Au point du jour, toutes ces masses se mettent en mouvement, se resserrent au début du combat, de manière qu'il faut que tout ce qui restait de l'armée allemande soit prisonnière, ou bien qu'il ne reste plus un seul Prussien debout; car l'épaisseur de nos masses serait tellement compacte, qu'il serait impossible à l'armée ennemie de faire la moindre trouée.

Si par hasard les Prussiens avaient soupçonné notre attaque et qu'ils se soient sauvés de Paris, eh bien, notre tâche semble remplie, puisque Paris est débloqué le septième jour, et j'en demandais huit.

Mais si l'ennemi a voulu garder les deux positions de Versailles et de Saint-Germain, eh bien, nous devons vaincre, malgré tout et contre tout. Il n'y a plus de stratégie dans ce combat gigantesque ; c'est un écrasement terrible, où chacun est à la hauteur de son devoir, car chacun veut prouver dans cette journée mémorable que l'on n'envahit pas la France sans qu'il en coûte très-cher aux audacieux qui ont eu la témérité de le faire.

L'on pourrait soupçonner, dans ce plan, des oublis, et présumer que pendant que je fais attaquer d'un côté, les Prussiens nous surprennent de l'autre.

Le fait n'est guère possible dans les six premiers jours d'attaque, qui ont été des surprises tellement foudroyantes pour l'ennemi, que pendant six jours et six nuits, il est resté le sac sur le dos, toujours prêt à ne faire que marches et contre-marches, tandis que nos soldats qui avaient guerroyé sans avoir le sac au dos, et dont la journée était finie à midi, pouvaient se reposer et être toujours bien dispos pour recommencer le lendemain.

Quant aux positions que nous avions conquises et abandonnées, elles ont été réduites au point d'être intenables pour nos ennemis, et je ne leur donnais plus le temps de les reconstituer. J'avais pour cela des corps détachés de francs-tireurs qui allaient jour et nuit en observation, et me faisaient un rapport détaillé sur les mouvements de nos ennemis.

Voilà donc cette impossibilité qui a paru comme un problème indéfinissable à tous nos généraux et à tous nos gouverneurs, et qui pour moi n'était qu'une chose toute naturelle. Il suffisait d'aimer sa Patrie.

Je défie et je défends à n'importe qui, même aux plus grands généraux de la terre, même à nos ennemis, de prouver que ce plan n'était pas possible.

Parce que j'aurai passé sur quelques détails, qui, à leur point de vue, sont les causes des grandes victoires, et parce que, ayant oublié d'expliquer ces détails dans mon simple récit d'ensemble, je les aurais de même oublié sur le champ de bataille, et par ce seul fait, j'aurais, en perdant la bataille, risqué de jeter dans un gouffre une armée et une population qui, par leur patriotisme et leur désir de vaincre, auraient donné en moi une confiance aveugle. Erreur ! rien n'était oublié dans ce combat terrible qui aurait étonné le monde d'admiration, par l'audace et la promptitude avec laquelle nos ennemis auraient été écrasés.

Alors, Paris était libre ! et libre pour toujours ; il respirait à pleins poumons cet air de la liberté dont le souffle n'allait pas tarder à se répandre en province, où nos ennemis tremblants n'auraient point tardé à subir le joug.

Oui, Paris libre, il fallait aller délivrer la province.

Pendant mes huit jours de gouvernement, j'avais imposé à mes intendances de tenir prêt tout le matériel nécessaire pour le départ de mes armées en province. Et immédiatement après le débloquement, sauf la garde nationale sédentaire à qui je confiais l'honneur de la capitale et des forts, tandis que les soldats-citoyens étaient immédiatement employés à réorganiser les routes et les chemins de fer, et tout ce qui était nécessaire pour le ravitaillement de Paris et la circulation libre d'une ville ouverte.

Je divisais l'armée en trois corps de cent mille hommes chaque, composés d'artillerie, marins, ligne, garde mobile et garde nationale mobilisée. Le premier, que j'envoyais à la poursuite de l'armée prussienne, si elle nous avait échappé à Versailles et Saint-Germain. Après la déroute complète ce corps devait rejoindre Bourbaki et frapper de grands coups si ce corps était en force, ce qui est probable, en y joignant les corps de Garibaldi et des autres généraux qui se trouvent dans l'Est. Si les Prussiens étaient encore plus forts, ne pas attaquer, diviser toute l'armée française en petits corps, harceler continuellement l'ennemi, et ne jamais accepter le combat, le fatiguer, l'épuiser jour et nuit, surveiller sans cesse ses mouvements, afin de ne jamais se laisser surprendre. En même temps, j'envoyais au secours de Chanzy un corps de cent mille hommes, et donnais l'ordre d'en faire autant, Chanzy tournant vers le midi, et l'armée de Paris gardant l'Est, de manière à couper les vivres et munitions aux Prussiens ; ne pas attaquer, mais ne point perdre de vue tous leurs mouvements.

En même temps, je partais avec le restant de l'armée de Paris, cent vingt ou cent trente mille hommes, au secours de

Faidherbe. Là, je frappais un grand coup ; il fallait que j'écrase l'armée prussienne qui luttait contre Faidherbe. J'avais pour cela fait un soulèvement de toutes les populations de l'ouest, comme je l'avais fait pour Paris, tandis que du nord, du midi et de l'est, il s'en était fait autant. Et chaque pays devait fournir, à la suite des citoyens qui partaient pour l'armée, tout le ravitaillement nécessaire pour toute la durée de la guerre. Les détails sont ici inutiles. Seulement, quiconque n'aurait pas immédiatement obéi aux ordres émanant de ma volonté, aurait été arrêté et passé en conseil de guerre dans les douze heures de son arrestation, et puni comme traître à la patrie en danger. Cette loi était immuable. Avant huit jours, j'aurais formé en France un soulèvement de dix millions d'hommes armés qui, de fusils de guerre, ou de chasse, ou révolvers, pistolets, lances, piques, faux et poignards. Une fois l'armée de l'ouest anéantie, nous courrions avec Faidherbe au secours de Chanzy, et là, nous étions puissamment forts pour attaquer Frédéric-Charles et Mecklembourg. Aidés des populations en armes qui viennent de l'est, du midi et du nord, nous les poussons, nous les culbutons vers la mer. Nos masses sont tellement épaisses, qu'un seul ennemi ne peut sortir de cette irruption terrible, menaçante, et qui veut en finir à n'importe quel prix et quel sacrifice.

La victoire est assurée !

Alors, tandis que les populations rentrent dans leur foyer, je divise toute l'armée en deux camps. J'embarque la moitié pour faire invasion dans l'Allemagne du Nord, et l'autre moitié va au secours de Bourbaki, s'il n'est pas déja vainqueur. Nous complétons là l'œuvre de la délivrance, et nous allons terminer la victoire en allant à notre tour, par le midi de l'Allemagne, rejoindre à Berlin nos armées envahissantes du Nord.

Et là, nous proclamons la République, ce terrible épouvantail qui fait trembler sur leur trône tous les rois de la terre.

Pendant ce temps, nos grandes usines auraient allumé leurs feux, et dans leurs immenses chaudières, l'on y aurait jeté tous ces épouvantails de la barbarie moderne : mitrailleuses, canons, obusiers et Krupps de toute espèce, afin d'en purifier la fonte, et en faire sortir des machines qui permettraient aux populations laborieuses de trouver le moyen de radoucir leurs travaux, et payer le pain meilleur marché.

Les pierres de nos forteresses auraient servi pour réparer nos villes détruites par les fléaux de la guerre.

Nos armées, épouvantail terrible contre les progrès de la civilisation, seraient dissoutes, mais chaque citoyen serait soldat, toujours prêt à défendre sa maison et sa famille.

Et la guerre que nous aurions dès lors entrepris, c'eût été la guerre à l'ignorance, conséquence de la barbarie. C'eût été la guerre de l'humanité, des grandes institutions, du commerce, des sciences et des arts. Nous aurions, avec ces puissantes armes, conquis tous les peuples, qui seraient venus à nous, auraient suivi nos institutions et nos lois, adopté notre forme de gouvernement, et nous aurions par ce fait trouvé ce grand problème de l'unité des peuples, ayant pour devise : *Liberté*, *Egalité*, *Fraternité*, et pour signe de ralliement, ce grand et sublime titre de :

République universelle !

L. PANAFIEU.

Ma mission est finie. J'avais demandé une épée, je me suis vu réduit à prendre la plume. Cette plume n'a point tremblé, l'épée aurait été plus ferme. Aujourd'hui je dépose la plume, refuse l'épée, verse une larme et me tais.

Dieu veuille que la leçon profite, et que l'avenir ramène dans notre malheureuse Patrie cette pauvre exilée que l'on appelle *Sagesse.*

LA PANAFIEU.

Paris-Imp. LEFEBVRE, Pass. du Caire. 87-89.

www.ingramcontent.com/pod-product-compliance
Ingram Content Group UK Ltd.
Pitfield, Milton Keynes, MK11 3LW, UK
UKHW032023260826
14628UKWH00006B/2684

9 782014 074338